AF479630

4 poemas de Pablo NERUDA

y un amanecer en la isla

versos y trazos
EDITORIAL

© Atalante SL
Plaza del Tossal, 3, 1· 46001 Valencia
Telf. +34 96 338 38 24   +34 617 207 437
www.versosytrazos.com
E-mail:literaria@versosytrazos.com

ISBN: 978-84-934160-8-9
Depósito legal: BI-351-07

IMPRESO EN ESPAÑA*UNIÓN EUROPEA

4 poemas de Pablo NERUDA

y un amanecer en la isla

Poemas de Pablo Neruda
Ilustraciones de José Aguilar

Pablo NERUDA

Pequeña biografía de un poeta enamorado...

Nefatlí Ricardo Reyes Basoalto nace el 12 de julio de 1904 en Parral, Chile. Su infancia solitaria ve pasar los trenes que llegan a la localidad de Temuco, donde vive en contacto con la naturaleza.

A sus veinte años publica uno de los cantos al amor más celebrados del siglo XX: *Veinte poemas de amor y una canción desesperada.* El niño **Neftalí** se convierte en el poeta **Pablo Neruda**. Elige este pseudónimo en honor al poeta checo Jan Neruda.

Mientras crece como poeta se forma también en la Universidad de Santiago como diplomático. Empieza a viajar a partir del año 1927 y visitará parte de Asia, Sudamérica y Europa.

En 1933 es nombrado cónsul de Chile en Buenos Aires. Allí conoce a **Federico García Lorca** que se encuentra en la ciudad porteña presentando su obra teatral *Bodas de sangre*.

A partir de ese momento y hasta el año 1936, La Casa de las flores, su residencia en España se convierte en punto de encuentro para la amistad.
Por allí pasan entre otros, **García Lorca**, **Miguel Hernández**, **Rafael Alberti**, **Luis Cernuda** o **Manuel Altolaguirre**.

Esta experiencia española marca su poesía: su prioridad ya no es sólo el amor. Continúa su labor diplomática hasta 1948, cuando la situación política de Chile le fuerza a marcharse a Francia e Italia.

En 1966 contrae matrimonio con la mujer que se convertirá en su compañera hasta la muerte, **Matilde Urrutia**. Ella es la musa de los poemarios *Cien sonetos de amor* y *Los versos del capitán*.

A lo largo de su vida, **Neruda** mima sus tres casas en Chile: La Chascona en Santiago, La Sebastiana en Valparaíso y la de Isla Negra. **Pablo** compra la casa de Isla Negra a un viejo socialista español, Eladio Sobrino, que se la vende a cambio de un anticipo editorial. En ella se reúnen jóvenes poetas, atraídos por la generosidad y la sabiduría del maestro.

Pablo recoge objetos de los naufragios, restos de otras épocas de esplendor marino y las incorpora a su casa donde se acomodan creando su universo particular. Mascarones de proa, sus preferidos, barquitos armados dentro de botellas, el unicornio del narval, una brújula china, piedras, una máquina de tren antigua y tantas cosas bellas y particulares fruto de su vocación de coleccionista.

El **Pablo** poeta, diplomático y coleccionista demuestra también un elevado compromiso con la vida y los más desfavorecidos. Los libros *Residencia en la tierra* y *Canto general*, son su modo de celebrar la lucha del hombre por alcanzar su libertad.

En 1971 es galardonado con el Premio Nobel de Literatura. Dos años más tarde, un veintitrés de septiembre, **Pablo** emprende su último viaje.

Poema 15

Me gustas cuando callas porque estás como ausente,
y me oyes desde lejos, y mi voz no te toca.
Parece que los ojos se te hubieran volado
y parece que un beso te cerrara la boca.

Como todas las cosas están llenas de mi alma
emerges de las cosas, llena del alma mía.
Mariposa de sueño, te pareces a mi alma,
y te pareces a la palabra melancolía.

Me gustas cuando callas y estás como distante.
Y estás como quejándote, mariposa en arrullo.
Y me oyes desde lejos, y mi voz no te alcanza:
déjame que me calle con el silencio tuyo.

Déjame que te hable también con tu silencio
claro como una lámpara, simple como un anillo.
Eres como la noche, callada y constelada.
Tu silencio es de estrella, tan lejano y sencillo.

Me gustas cuando callas porque estás como ausente.
Distante y dolorosa como si hubieras muerto.
Una palabra entonces, una sonrisa bastan.
Y estoy alegre, alegre de que no sea cierto.

VIII

Si no fuera porque tus ojos tienen color de luna,
de día con arcilla, con trabajo, con fuego,
y aprisionada tienes la agilidad del aire,
si no fuera porque eres una semana de ámbar,

si no fuera porque eres el momento amarillo
en que el otoño sube por las enredaderas
y eres aún el pan que la luna fragante
elabora paseando su harina por el cielo,

oh, bienamada, yo no te amaría!
En tu abrazo yo abrazo lo que existe,
la arena, el tiempo, el árbol de la lluvia,

y todo vive para que yo viva:
sin ir tan lejos puedo verlo todo:
veo en tu vida todo lo viviente.

El viento en la isla

El viento es un caballo:
óyelo cómo corre
por el mar, por el cielo.

Quiere llevarme: escucha
cómo recorre el mundo
para llevarme lejos.

Escóndeme en tus brazos
por esta noche sola,
mientras la lluvia rompe
contra el mar y la tierra
su boca innumerable.

Escucha cómo el viento
me llama galopando
para llevarme lejos.

Con tu frente en mi frente,
con tu boca en mi boca,
atados nuestros cuerpos
al amor que nos quema,
deja que el viento pase
sin que pueda llevarme.

Deja que el viento corra
coronado de espuma,
que me llame y me busque
galopando en la sombra,
mientras yo, sumergido
bajo tus grandes ojos,
por esta noche sola
descansaré, amor mío.

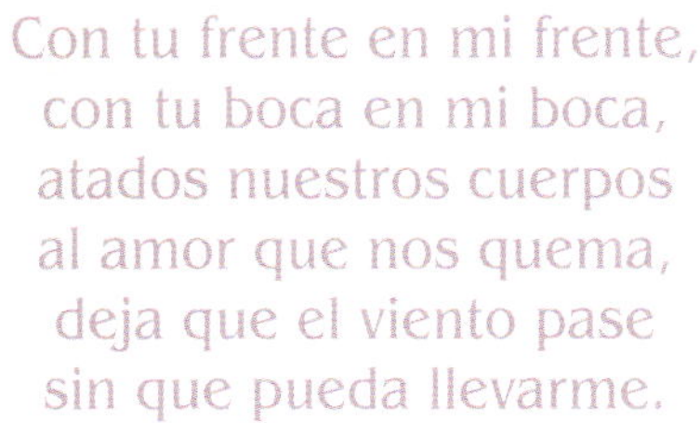

Inclinado en las tardes tiro mis tristes redes
a tus ojos oceánicos.

Allí se estira y arde en la más alta hoguera
mi soledad que da vueltas los brazos como un náufrago.

Hago rojas señales sobre tus ojos ausentes
que olean como el mar a la orilla de un faro.

Sólo guardas tinieblas, hembra distante y mía,
de tu mirada emerge a veces la costa del espanto.

Inclinado en las tardes echo mis tristes redes
a ese mar que sacude tus ojos oceánicos.

Los pájaros nocturnos picotean las primeras estrellas
que centellean como mi alma cuando te amo.

Galopa la noche en su yegua sombría
desparramando espigas azules sobre el campo.

Un amanecer en la isla.

Pablo Neruda poseía varias casas, pero seguramente la que más le agradaba era la de Isla Negra, donde pasó los mejores años de su vida.

Esta pequeña historia nos habla de aquel **Pablo** poeta cuyo corazón fascinado por el mar, supo trasladar al mundo entero la pasión por las cosas hermosas y la magia del enamoramiento.

Un amanecer en la isla.

Hubo una vez un **Pablo** enamorado
que recogía los restos de los naufragios
con los que el mar le obsequiaba.

Pablo coleccionaba
conchas, botellas,
caracolas, piedras
y mascarones de proa
que trasladaba a su casa
convirtiéndolos en
parte de ella.

Su pequeño
universo marino
en el salón,
en el escritorio
y en las habitaciones.

Junto a los mascarones
de proa, **Pablo** guarda
una enorme colección
de botellas y un buen
número de versos
dispuestos para ser
enviados al mar.

Pablo llena botellas
con versos de amor
y las lanza al agua.
Es su modo de agradecer
todos los tesoros
que le brindó el mar.
Alguien en algún lugar
los encontrará
y se ilusionará.

La pequeña **Coral**,
es de la estirpe de
las sirenas.
Ha quedado fascinada
por los versos
del poeta.

Durante días
sigue el rastro
de las botellas
hasta encontrar
la casa de **Pablo**
en la isla.

Durante toda una noche,
Pablo le explica a Coral
el misterio y la magia
del amor.
Recita sus poemas y
la emociona con sus versos,
mientras el tiempo
pasa sin sentir.

Ya amanece en la isla.

Este libro
se terminó de imprimir
en los Talleres de Grafo, S.A.
en el mes de marzo
de 2007.